AF188159

Impressum
Verlag: BABADADA GmbH, Nedderfeld 112 , 22529 Hamburg
Geschäftsführer / Verlagsleitung: Harald Hof
Druck: Books on Demand GmbH, In de Tarpen 42, 22848 Norderstedt

Imprint
Publisher: BABADADA GmbH, Nedderfeld 112 , 22529 Hamburg, Germany
Managing Director / Publishing direction: Harald Hof
Print: Books on Demand GmbH, In de Tarpen 42, 22848 Norderstedt

skole

escola

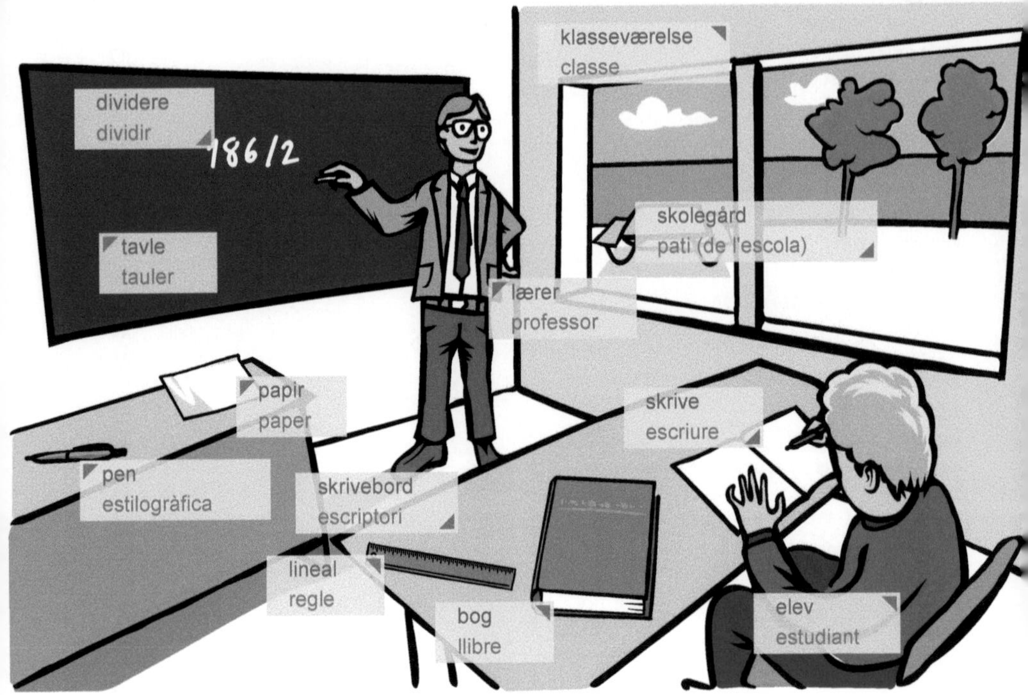
klasseværelse
classe
dividere
dividir
186/2
tavle
tauler
skolegård
pati (de l'escola)
lærer
professor
papir
paper
skrive
escriure
pen
estilogràfica
skrivebord
escriptori
lineal
regle
bog
llibre
elev
estudiant

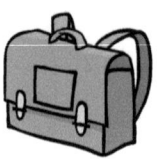

skoletaske

bossa

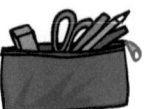

penalhus

estoig

blyant

llapis

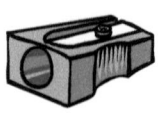

blyantspidser

maquineta de fer punta

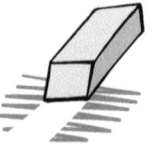

viskelæder

goma

tegneblok

bloc de dibuix

tegning

dibuix

pensel

pinzell

æske med vandfarver

capsa de pintures

saks

tisores

lim

cola

opgavehefte

quadern d'exercicis

lektie

deures

12

tal

nombre

2+2

addere

afegir

5-2

subtrahere

sostreure

2×2

multiplicere

multiplicar

regne

calcular

A

bogstav

lletra

ABCDEFG
HIJKLMN
OPQRSTU
VWXYZ

alfabet

alfabet

ord

mot

tekst

text

læse

llegir

kridt

guix

time

lliçó

klasseprotokol

llibre de classe

eksamen

examen

karakterbog

certificat

skoleuniform

uniforme escolar

uddannelse

formació

leksikon

enciclopèdia

universitet

universitat

mikroskop

microscopi

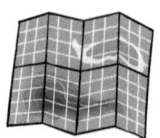

kort

mapa

papirkurv

paperera

rejse
viatge

hotel
hotel
Grand
herberg
alberg
ROOMS
vekselkontor
oficina de canvi
EXCHANGE
kuffert
maleta
bil
automòbil

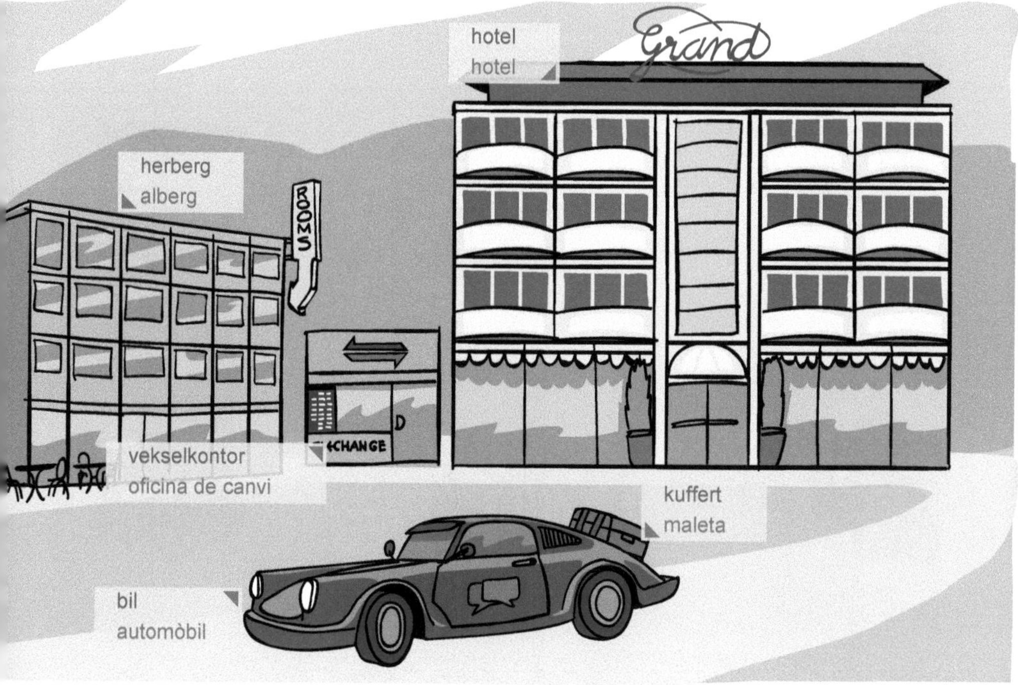

sprog
llengua

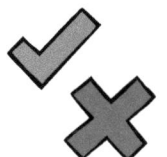

ja / nej
sí / no

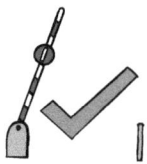

okay
D'acord

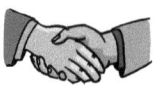

hej
Ey!

oversætter
traductora

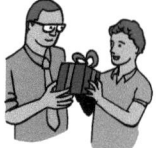

tak
gràcies

hvad koster...?

Quant costa... ?

Jeg forstår ikke

No entenc

problem

problema

God aften!

Bona nit!

God morgen!

bon dia!

God nat!

bona nit!

farvel

fins aviat

retning

direcció

bagage

bagatge

taske

bossa

rygsæk

sarrona

gæst

convidat

værelse

cambra

sovepose

sac de dormir

telt

tenda

turistinformation

oficina de turisme

strand

platja

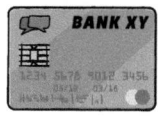

kreditkort

carta de crèdit

morgenmad

esmorzar

middagsmad

dinar

aftensmad

sopar

billet

bitllet

elevator

ascensor

frimærke

segell

grænse

frontera

told

duana

ambassade

ambaixada

visum

visat

pas

passaport

transport

transport

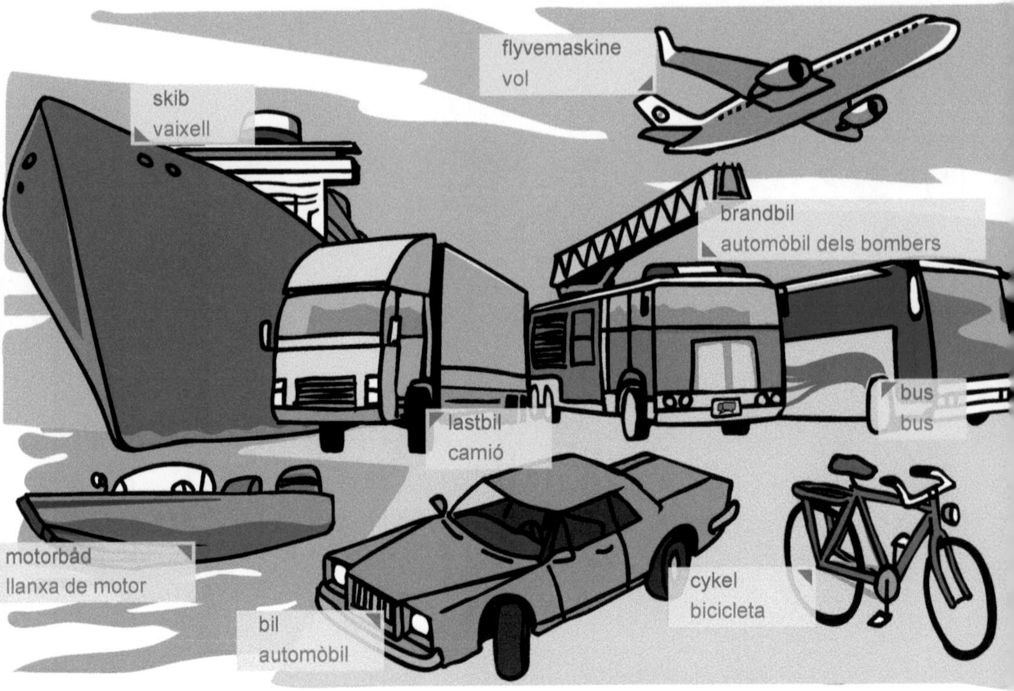

flyvemaskine
vol
skib
vaixell
brandbil
automòbil dels bombers
bus
bus
lastbil
camió
motorbåd
llanxa de motor
cykel
bicicleta
bil
automòbil

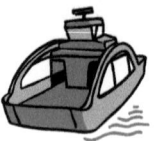

færge

transbordador

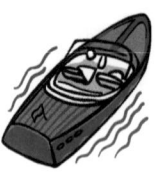

båd

barca

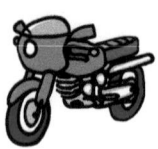

motorcykel

moto

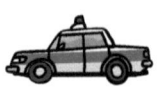

politibil

automòbil de policia

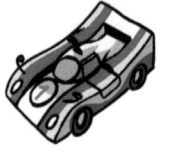

racerbil

automòbil de curses

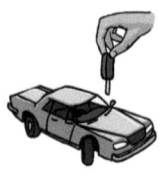

lejebil

automòbil de lloguer

samkørsel

vehicle compartit

kranbil

grua

skraldebil

camió de les escombraries

motor

motor

benzin

benzina

tankstation

benzineria

trafikskilt

senyal de trànsit

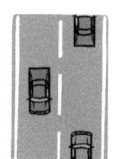

trafik

trànsit

trafikprop

embús

parkeringsplads

aparcament

banegård

estació de trens

skinner

vies

tog

tren

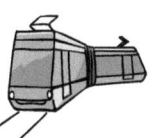

sporvogn

tramvia

wagon

vagó

helikopter

helicòpter

lufthavn

aeroport

tårn

torre

passager

passatger

container

contenidor

karton

capsa de cartó

kærre

carretó

kurv

cistella

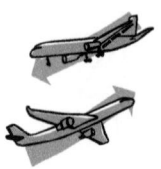

starte / lande

enlairar-se / aterrar

landsby

poble

bymidte

centre de la ciutat

hus

casa

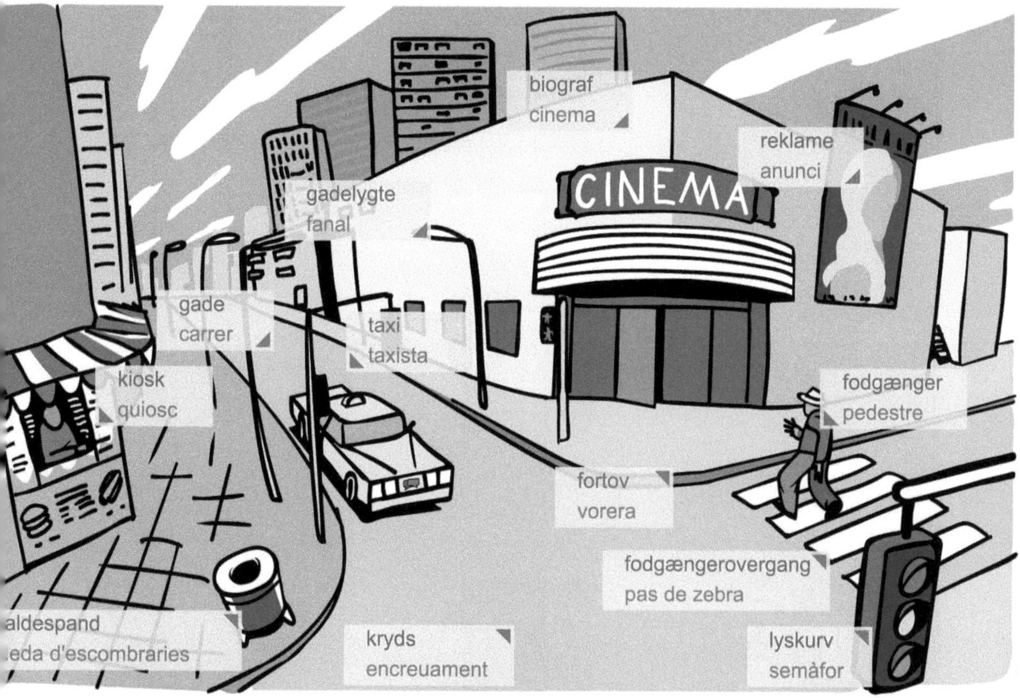

biograf
cinema

reklame
anunci

CINEMA

gadelygte
fanal

gade
carrer

taxi
taxista

kiosk
quiosc

fodgænger
pedestre

fortov
vorera

fodgængerovergang
pas de zebra

aldespand
eda d'escombraries

kryds
encreuament

lyskurv
semàfor

hytte
cabana

lejlighed
apartament

banegård
estació de trens

rådhus
casa de la vila-ciutat

museum
museu

skole
escola

universitet
universitat

bank
banca

sygehus
hospital

hotel
hotel

apotek
farmàcia

kontor
oficina

boghandel
llibreria

butik
botiga

blomsterbutik
floristeria

supermarked
supermercat

marked
mercat

stormagasin
gran magatzem

fiskehandler
peixateria

butikscenter
centre comercial

havn
port

park

parc

bænk

banc

bro

pont

trappe

escala

undergrundsbane

metro

tunnel

túnel

busstoppested

parada d'autobús

barnevogn

bar

restaurant

restaurant

postkasse

bústia de correu

vejskilt

senyal indicador

parkometer

parquímetre

zoo

zoo

badeanstalt

piscina

moske

mesquita

bondegård

granja

miljøforurening

pol·lució

kirkegård

cementiri

kirke

església

legeplads

parc infantil

tempel

temple

landskab

paisatge

blad
fulla

vejviser
cartell indicador

vej
camí

eng
prat

sten
pedra

træ
arbre

vandrer
excursionista

flod
riu

græs
gespa

blomst
flor

dal
vall

bjerg
muntanya

sø
llac

skov
bosc

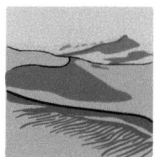

ørken
desert

vulkan
volcà

slot
castell

regnbue
arc de Sant Martí

svamp
bolet

palme
palmera

moskito
moscard

flue
mosca

myre
formiga

bi
abella

edderkop
aranya

bille

escarabat

frø

granota

egern

esquirol

pindsvin

eriçó

hare

llebre

ugle

òliba

fugl

ocell

svane

cigne

vildsvin

senglar

hjort

cervo

elg

ant

dæmning

presa

vindmølle

turbina

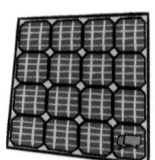

solcellemodul

panell solar

klima

clima

tjener
cambrer

spisekort
menú

stol
cadira

suppe
sopa

pizza
pizza

bestik
coberts

borddug
tovalla

forret
primer plat

hovedret
plat principal

dessert
darreries

drikkevarer
begudes

mad
menjar

flaske
ampolla

fastfood
menjar ràpid

streetfood
menjar de carrer

tekande
tetera

sukkerdåse
sucrer

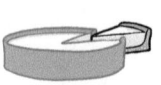

portion
porció

espressomaskine
màquina d'espresso

barnestol
trona

faktura
factura

tablet
plata

kniv
ganivet

gaffel
forqueta

ske
cullera

teske
cullereta

serviet
tovalló

glas
got

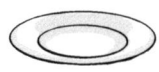

tallerken
plat

dyb tallerken
plat de sopa

underkop
plateret

sovs
salsa

saltbøsse
saler

peberkværn
molinet de pebre

eddike
vinagre

olie
oli

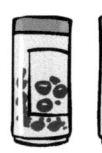

krydderier
espècies

ketchup
quètxup

sennep
mostassa

mayonnaise
maionesa

supermarked

supermercat

tilbud
oferta especial
FOR
kunde
client
mælkeprodukter
productes lactis
frugt
fruites
indkøbsvogn
carret de la compra

BUTCHERS

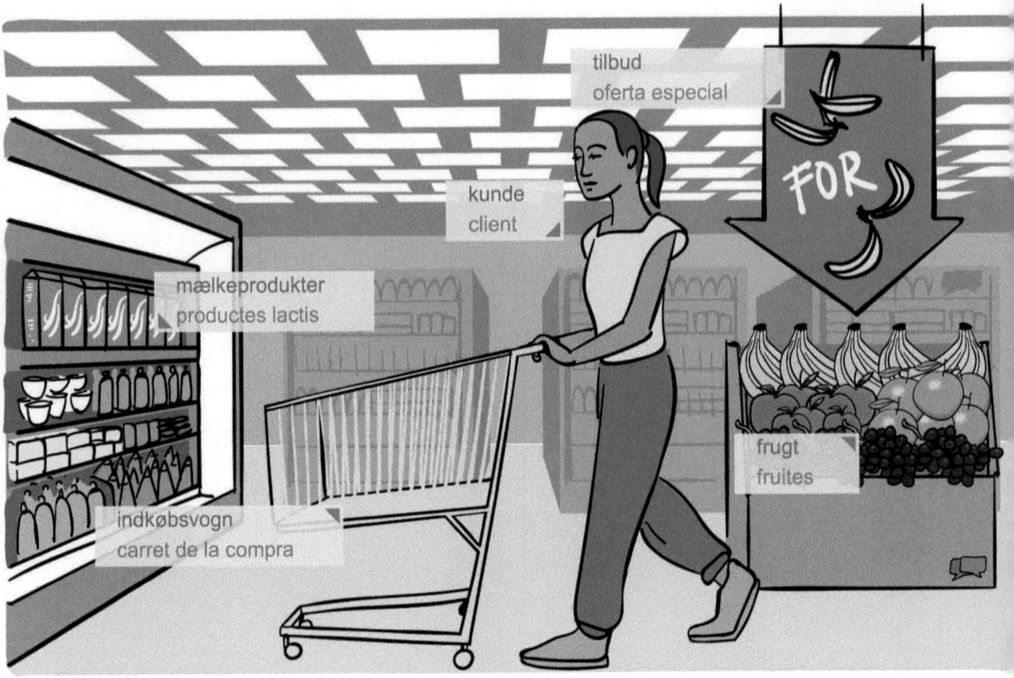

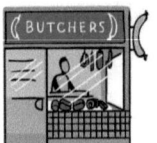

slagter

carnisseria

BAKERY

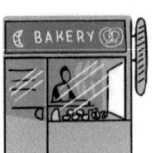

bageri

forn de pa

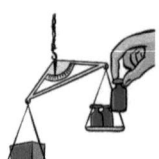

veje

pesar

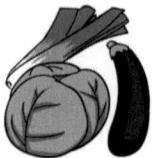

grøntsager

verdures

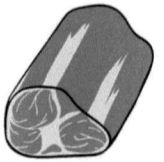

kød

carn

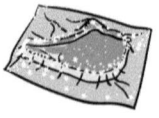

frostvarer

menjar congelat

pålæg

carn freda

konserves

conserves

vaskemiddel

detergent en pols

slik

dolços

husholdningsvarer

articles domèstics

rengøringsmidler

productes de neteja

ekspedient

venedora

kasse

caixa registradora

kasserer

caixera

indkøbsliste

llista de la compra

åbningstider

horari d'obertura

tegnebog

portamonedes

kreditkort

carta de crèdit

taske

bossa

plasticpose

bossa de plàstic

vand

aigua

saft

suc

mælk

llet

cola

coca-cola

vin

vi

øl

cervesa

alkohol

alcohol

kakao

cacau

te

te

kaffe

cafè

espresso

espresso

cappuccino

cappuccino

banan

banana

æble

poma

appelsin

taronja

melon

síndria

citron

llimona

gulerod

pastanaga

hvidløg

all

bambus

bambú

løg

ceba

svamp

bolet

nødder

avellanes

nudler

fideus

spaghetti

espaguetis

ris

arròs

salat

amanida

pomfritter

patates fregides

stegte kartofler

patates fregides

pizza

pizza

hamburger

hamburguesa

sandwich

entrepà

schnitzel

escalopa

skinke

cuixot

salami

salami

pølse

salsitxa

kylling

pollastre

steg

rostit

fisk

peix

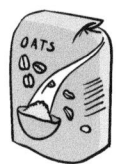

havregryn

flocs de civada

mysli

musli

cornflakes

cereals

mel

farina

croissant

croissant

rundstykke

panet

brød

pa

toast

torrada

kiks

bescuits

smør

mantega

kvark

mató

kage

pastís

æg

ou

spejlæg

ou fregit

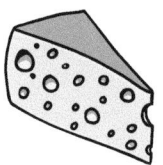

ost

formatge

is
....
gelat

sukker
....
sucre

honning
....
mel

marmelade
....
melmelada

nougat-creme
....
crema de xocolata

karry
....
curri

bondegård
granja

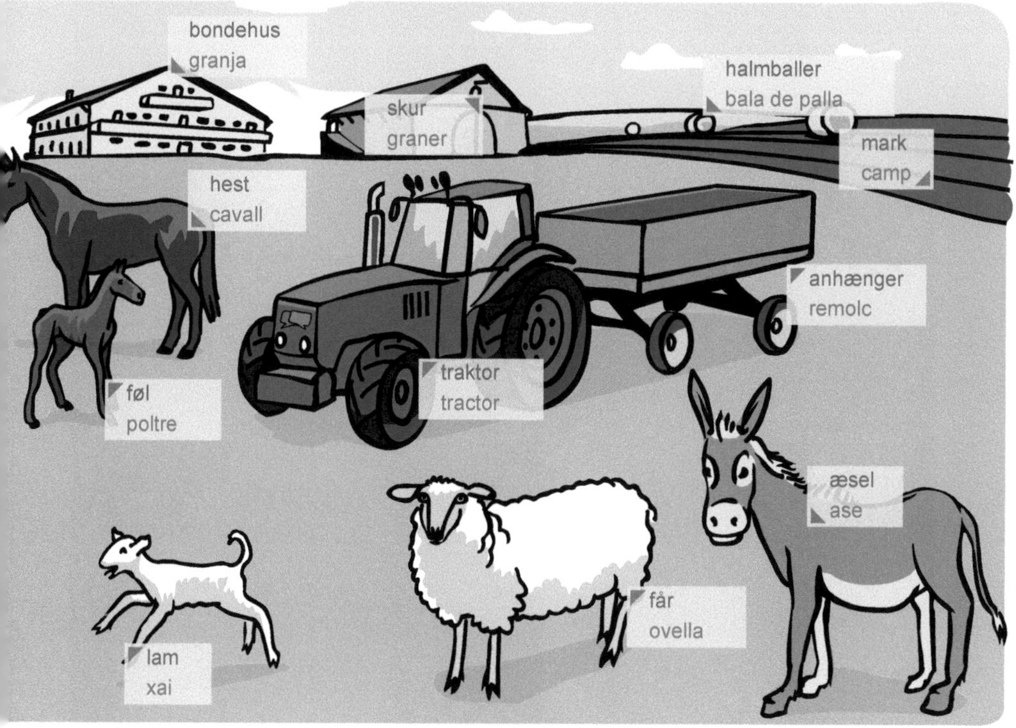
bondehus
granja
skur
graner
halmballer
bala de palla
mark
camp
hest
cavall
anhænger
remolc
traktor
tractor
føl
poltre
æsel
ase
får
ovella
lam
xai

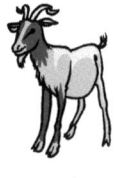

ged

cabra

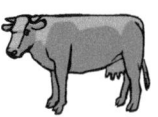

ko

vaca

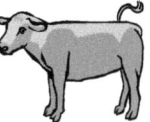

kalv

vedella

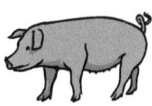

svin

porc

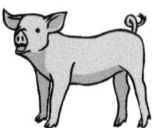

gris

garrí

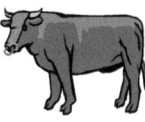

tyr

bou

gås

oca

and

ànec

kylling

poll

høne

gall

hane

gallina

rotte

rata

kat

gat

mus

ratolí

okse

bou

hund

gos

hundehus

gossera

haveslange

mànega de regar

vandkande

regadora

le

dalla

plov

arada

segl

falç

hakkejern

aixada

møggreb

forca

økse

destral

trillebør

carretó

trug

abeurador

mælkekande

lletera

sæk

sac

hæk

tanca

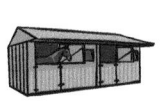

stald

establa

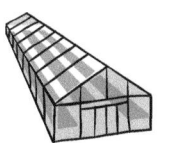

drivhus

hivernacle

jord

sòl

frø

llavor

gødning

adob

mejetærsker

collidora

høste
collir

høst
collita

yams
nyam

hvede
blat

soja
soja

kartoffel
patata

majs
blat de moro o d'indi

raps
colza

frugttræ
arbre fruiter

maniok
mandioca

korn
cereals

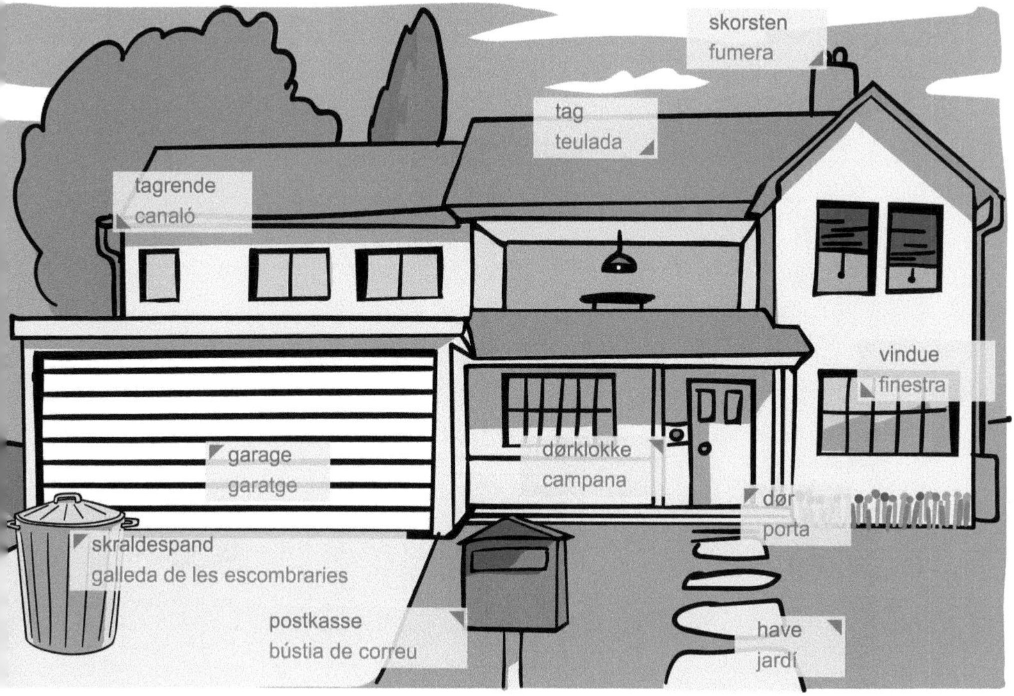

skorsten
fumera

tag
teulada

tagrende
canaló

vindue
finestra

garage
garatge

dørklokke
campana

dør
porta

skraldespand
galleda de les escombraries

postkasse
bústia de correu

have
jardí

stue
sala d'estar

badeværelse
bany

køkken
cuina

soveværelse
cambra de dormir

børneværelse
cambra de nen

spisestue
menjador

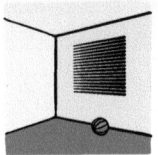

gulv

sòl

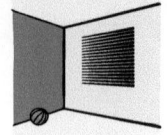

væg

paret

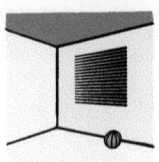

loft

sostre

kælder

soterrani

sauna

sauna

altan

balcó

terrasse

terrassa

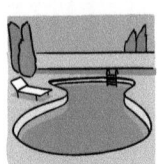

svømmehal

piscina

plæneklipper

tallagespa

dynebetræk

vànova

dyne

cobrellit

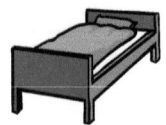

seng

llit

kost

escombra

spand

galleda

kontakt

interruptor

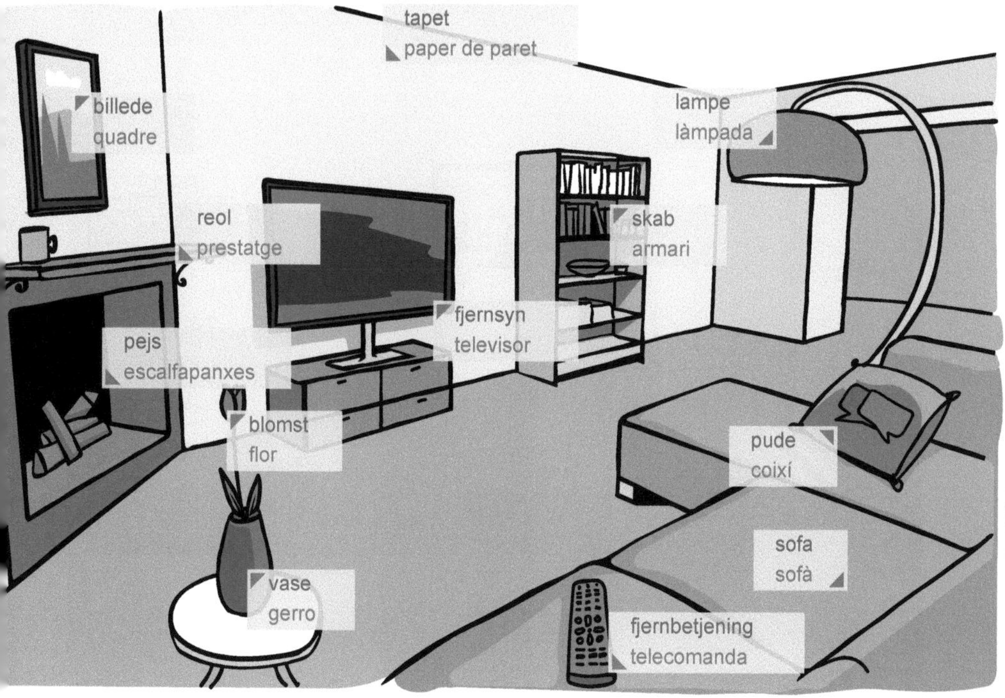

tapet
paper de paret

billede
quadre

lampe
làmpada

reol
prestatge

skab
armari

pejs
escalfapanxes

fjernsyn
televisor

blomst
flor

pude
coixí

vase
gerro

sofa
sofà

fjernbetjening
telecomanda

gulvtæppe

catifa

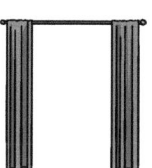

gardin

cortina

bord

taula

stol

cadira

gyngestol

cadira gronxadora

lænestol

cadiral

bog

llibre

tæppe

llençol

dekoration

decoració

brænde

llenya

film

film

stereoanlæg

cadena de música

nøgle

clau

avis

diari

maleri

pintura

plakat

cartell

radio

ràdio

notesblok

bloc de notes

støvsuger

aspiradora

kaktus

cactus

lys

candela

køkken
cuina

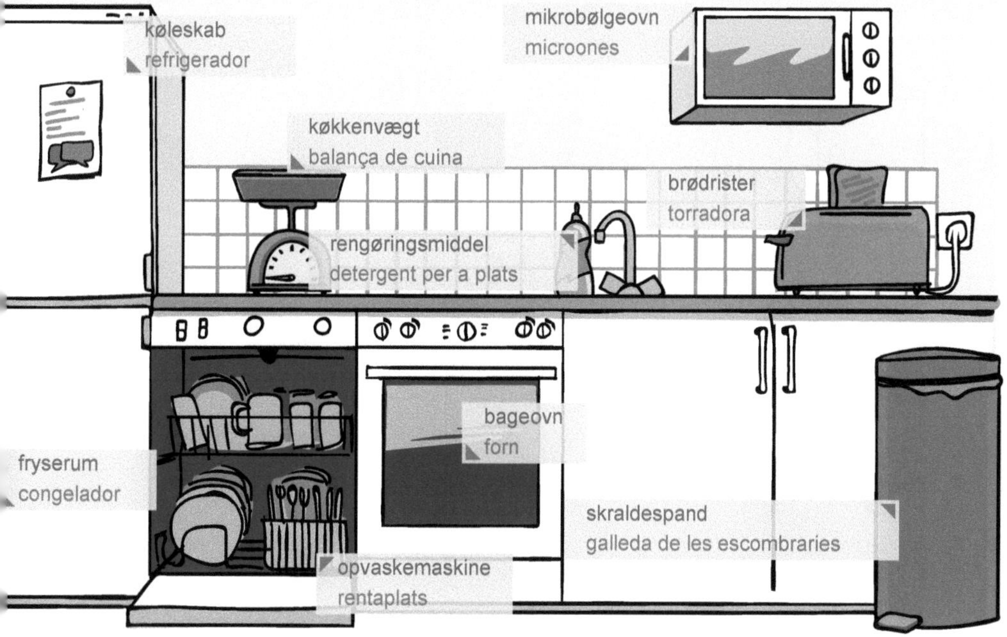
køleskab
refrigerador
mikrobølgeovn
microones
køkkenvægt
balança de cuina
brødrister
torradora
rengøringsmiddel
detergent per a plats
bageovn
forn
fryserum
congelador
skraldespand
galleda de les escombraries
opvaskemaskine
rentaplats

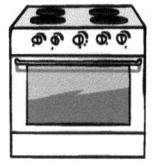

komfur

cuina de fogons

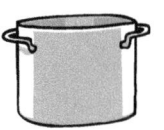

gryde

olla

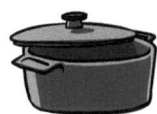

jerngryde

olla de ferro colat

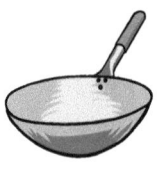

wok / kadai

wok / karahi

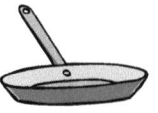

pande

paella

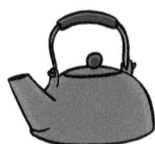

elkedel

bullidor

dampkoger

olla de vapor

bageplade

plata de forn

service

vaixella

bæger

tassa grossa

skål

bol

spisepinde

bastonets xinesos

øseske

culler

paletkniv

espàtula

piskeris

batedor

dørslag

colador

si

sedàs

rive

ratllador

morter

morter

grille

barbacoa

ildsted

foc a terra

skærebræt

taula de tallar

kagerulle

corró

proptrækker

llevataps

dåse

pot de conserva

dåseåbner

obridor

grydelap

agafador

køkkenvask

aigüera

børste

raspall

svamp

esponja

blender

batedora

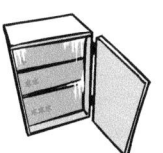

dybfryser

congelador

sutteflaske

biberó

vandhane

aixeta

badeværelse

bany

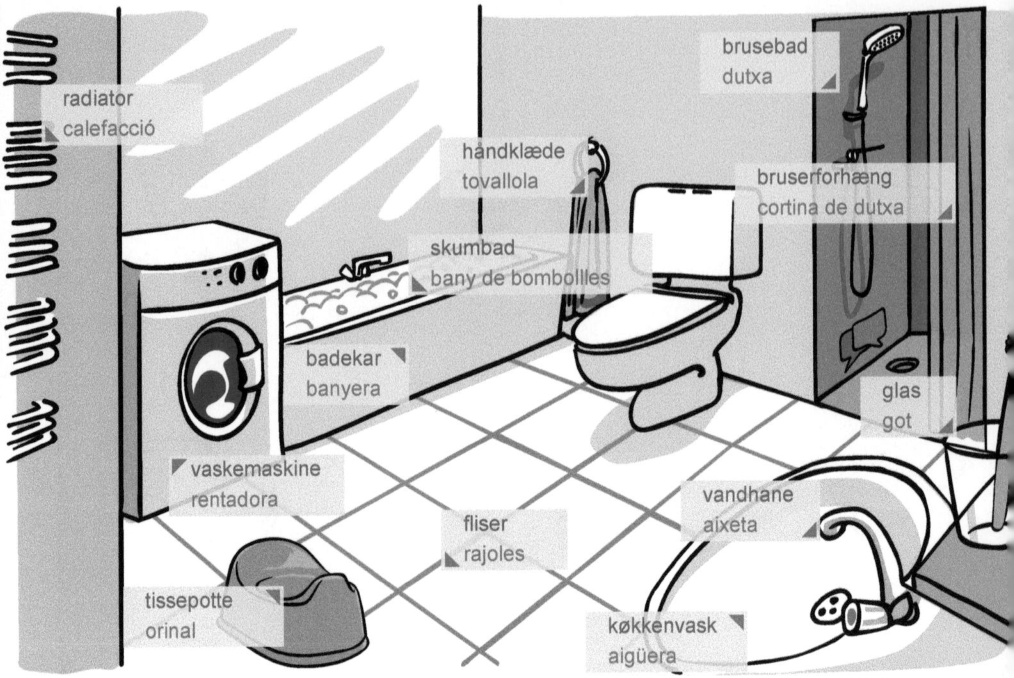
radiator
calefacció
håndklæde
tovallola
brusebad
dutxa
bruserforhæng
cortina de dutxa
skumbad
bany de bombolles
badekar
banyera
glas
got
vaskemaskine
rentadora
vandhane
aixeta
fliser
rajoles
tissepotte
orinal
køkkenvask
aigüera

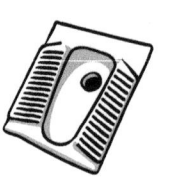

toilet

lavabo

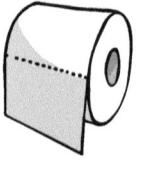

hugsiddende toilet

lavabo turc

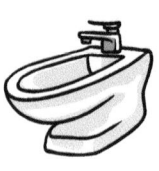

bidet

bidet

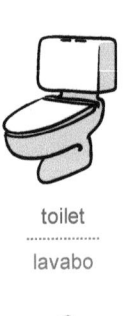

pissoir

orinador

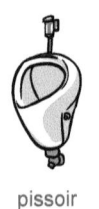

toiletpapir

paper higiènic

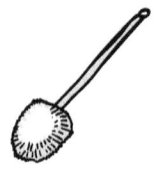

toiletbørste

escombreta de sanitari

tandbørste
raspall de dents

tandpasta
pasta de dents

tandtråd
fil dental

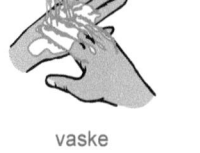

vaske
rentar

håndbruser
pom de dutxa

intimbruser
dutxa íntima

vaskefad
rentamans

badebørste
raspall per a l'esquena

sæbe
sabó

brusegele
gel de dutxa

shampoo
xampú

vaskeklud
manyopla de bany

afløb
bonera

creme
crema

deodorant
desodorant

spejl

mirall

kosmetikspejl

mirall-espill de mà

barberhøvl

maquineta de rasar

barberskum

espuma de barbejar

barbervand

loció post-rasada

kam

pinta

børste

raspall

hårtørrer

eixugador

hårspray

laca

makeup

maquillatge

læbestift

pintallavis

neglelak

esmalt d'ungles

vat

cotó

neglesaks

tallaungles

parfume

perfum

toilettaske

estoig de bellesa

skammel

tamboret

vægt

bàscula

badekåbe

barnús

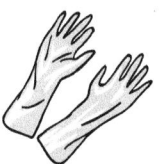

gummihandsker

guants de goma

tampon

compresa higiènica

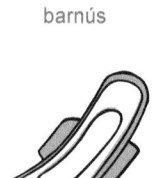

damebind

compresa

kemisk toilet

sanitari químic

børneværelse

cambra de nen

vækkeur
despertador
bamse
animal de peluix
legetøjsbil
auto de joguina
skralde
sonall
dukkehus
casa de nines
gave
present

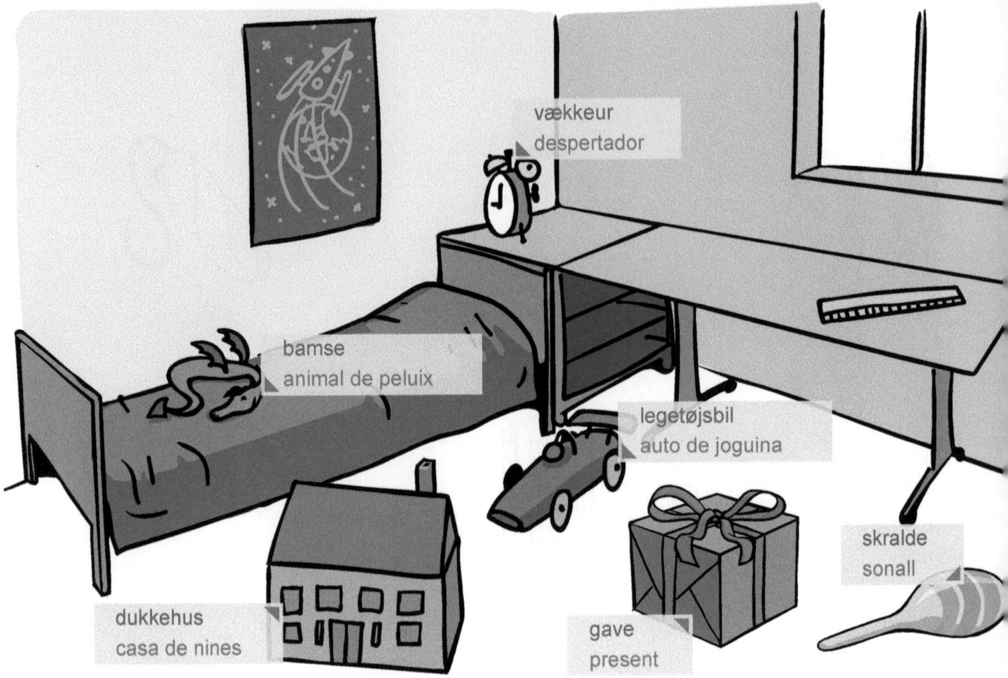

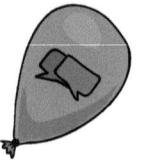

ballon

baló

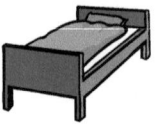

seng

llit

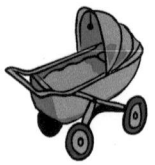

barnevogn

cotxet per a nens

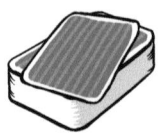

kortspil

joc de cartes

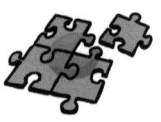

puslespil

trencaclosca

SUPER
MEGA

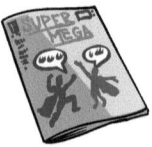

tegneserie

historieta

legoklodser

peces de lego

byggeklodser

peces de construcció

action figur

ninot d'acció

sparkedragt

granota

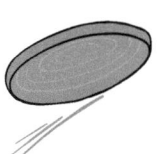

frisbee

frisbee

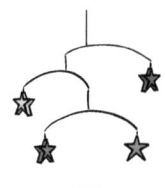

uro

mòbil per a bressol

brætspil

joc de taula

terning

daus

modeljernbane

tren elèctric

sut

xumet

fest

festa

billedbog

llibre de dibuixos

bold

pilota

dukke

nina

lege

jugar

sandkasse

sorrera

gynge

gronxador

legetøj

joguines

spillekonsol

consola de jocs de vídeo

trehjulet cykel

tricicle

bamse

osset de peluix

klædeskab

armari

tøj
roba

sokker

mitjons

strømper

mitges

strømpebukser

mitja pantaló

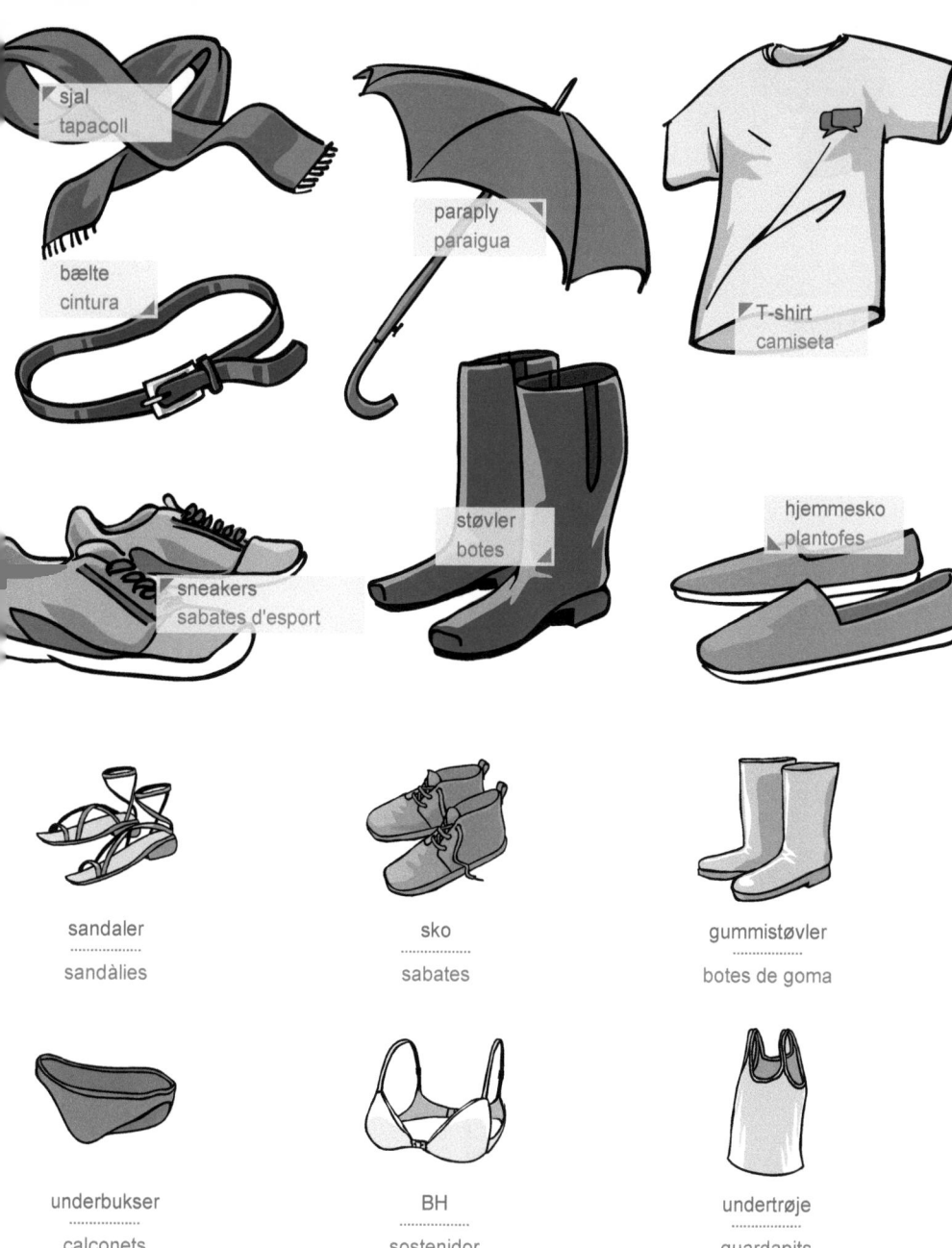

sjal
tapacoll

bælte
cintura

paraply
paraigua

T-shirt
camiseta

sneakers
sabates d'esport

støvler
botes

hjemmesko
plantofes

sandaler
....
sandàlies

sko
....
sabates

gummistøvler
....
botes de goma

underbukser
....
calçonets

BH
....
sostenidor

undertrøje
....
guardapits

body

jjustacòs

bukser

pantalons

jeans

jeans

nederdel

faldeta

bluse

brusa

skjorte

camisa

pullover

jersei

sweatshirt

dessuadora

blazer

blazer

jakke

jaqueta

frakke

mantell

regnfrakke

impermeable

kostume

vestit de dona

kjole

vestit de dona

brudekjole

vestit de núvia

jakkesæt
vestit d'home

nattrøje
camisa de dormir

pyjamas
pijama

sari
sari

hovedtørklæde
mocador de cap

turban
turbant

burka
burca

kaftan
caftan

abaya
abaia

badedragt
vestit de bany

badebukser
calçon(et)s de bany

korte bukser
pantalons curts

træningsdragt
xandall

forklæde
davantal

handsker
guants

knap

botó

briller

ulleres

armbånd

braçalet

kæde

collaret

ring

anell

ørering

orellera

hue

casquet

bøjle

penjador

hat

capell

slips

corbata

lynlås

cremallera

hjelm

casc

seler

elàstics

skoleuniform

uniforme escolar

uniform

uniforme

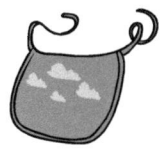

hagesmæk

pitet

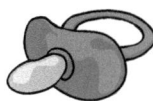

sut

xumet

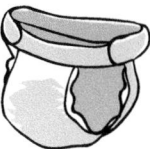

ble

bolquer

kontor
oficina

server
servidor
arkivskab
armari arxivador
printer
impressora
papir
paper
skærm
monitor
mus
ratolí
skrivebord
escriptori
mappe
arxivador
tastatur
teclat
papirkurv
paperera
computer
ordinador
stol
cadira

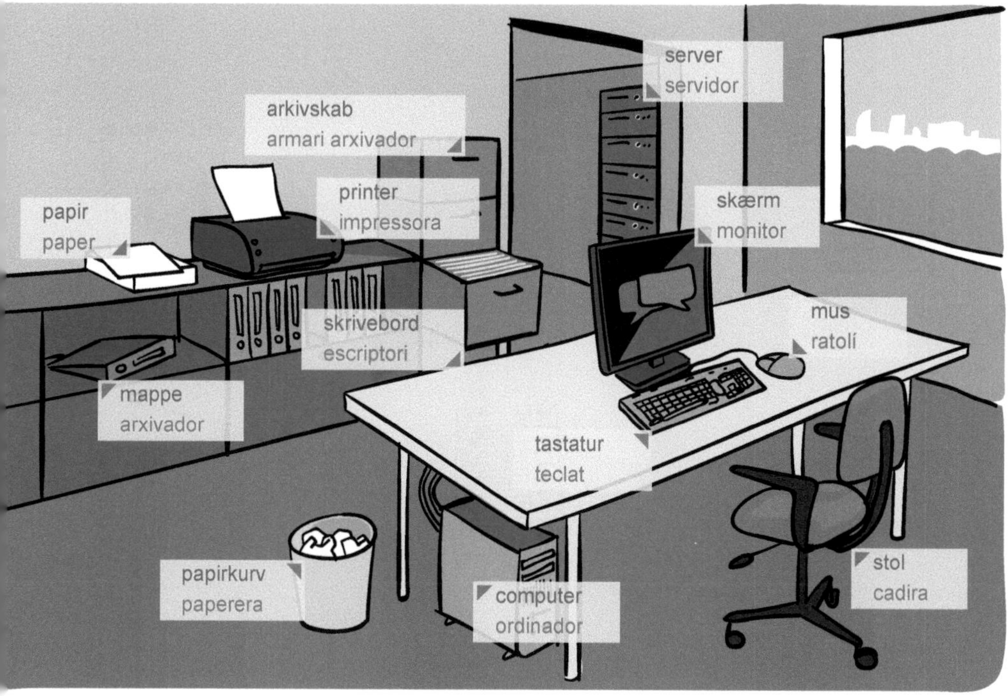

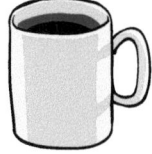

kaffekrus

tassa de cafè

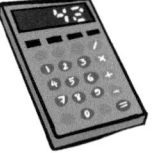

lommeregner

calculadora

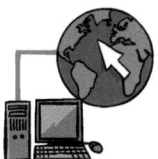

internet

Internet

bærbar

ordinador portàtil

brev

lletra

besked

missatge

mobil

mòbil

netværk

xarxa

kopimaskine

fotocopiadora

software

programari

telefon

telèfon

stikdåse

presa de corrent

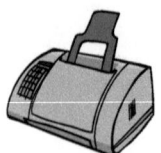

fax

fax

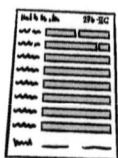

formular

formulari

dokument

document

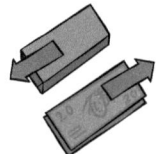

købe

comprar

betale

pagar

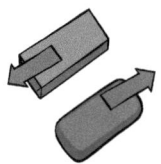

handle

comerciar

penge

diners

USD

dollar

dòlar

EUR

euro

euro

JPY

yen

ien

RUB

rubel

ruble

CHF

schweizerfranc

franc suís

CNY

renminbi yuan

renminbi

INR

rupee

rupia

hæveautomat

caixa automàtica

vekselkontor

oficina de canvi

guld

or

sølv

argent

olie

petroli

energi

energia

pris

preu

kontrakt

contracte

skat

impost

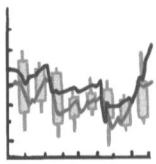

aktie

acció

arbejde

treballar

ansat

treballador

arbejdsgiver

empresari

fabrik

fàbrica

butik

botiga

erhverv
oficis

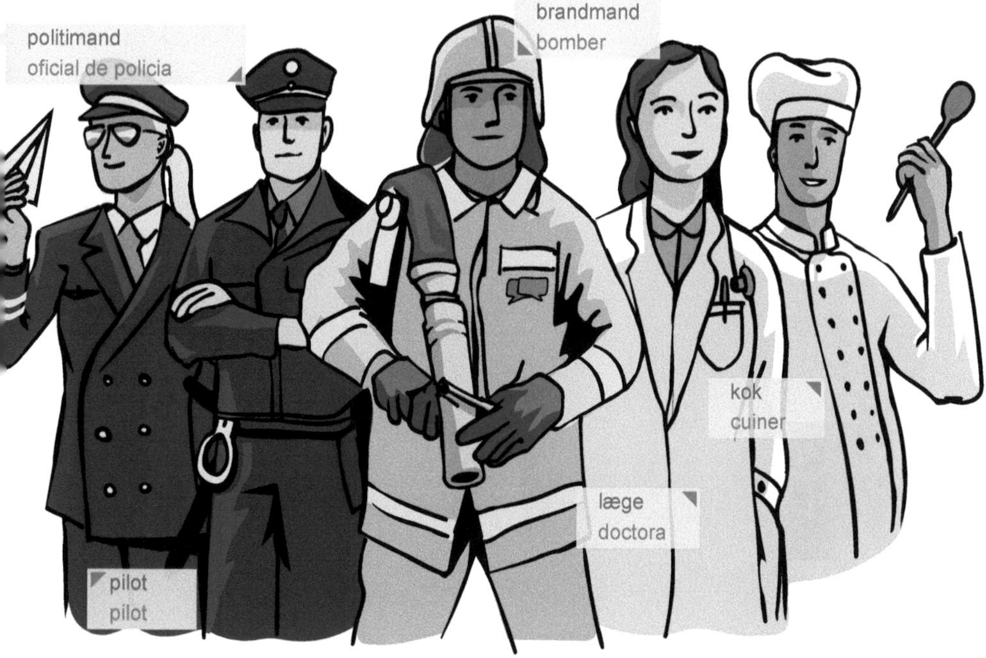
politimand
oficial de policia
brandmand
bomber
kok
cuiner
læge
doctora
pilot
pilot

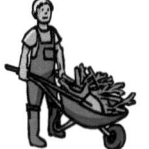

gartner

jardiner

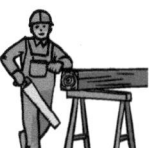

tømrer

fuster

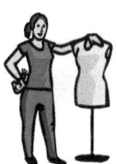

syerske

costurera

dommer

jutge

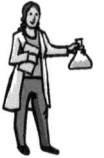

kemiker

química

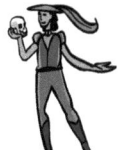

skuespiller

actor

buschauffør

conductor d'autobús

taxachauffør

taxista

fisker

pescador

rengøringskone

dona de la neteja

tagdækker

ensostrador

tjener

cambrer

jæger

caçador

maler

pintor

bager

forner

elektriker

electricista

bygningsarbejder

obrer de la construcció

ingeniør

enginyer

slagter

carnisser

vvs-mand

llanterner

postbud

correu

soldat
soldat

arkitekt
arquitecte

kasserer
caixera

blomsterhandler
florista

frisør
perruquer

togfører
revisor

mekaniker
mecànic

kaptajn
capità

tandlæge
dentista

videnskabsmand
científic

rabbiner
rabí

imam
imam

munk
monjo

præst
capellà

værktøj
eines

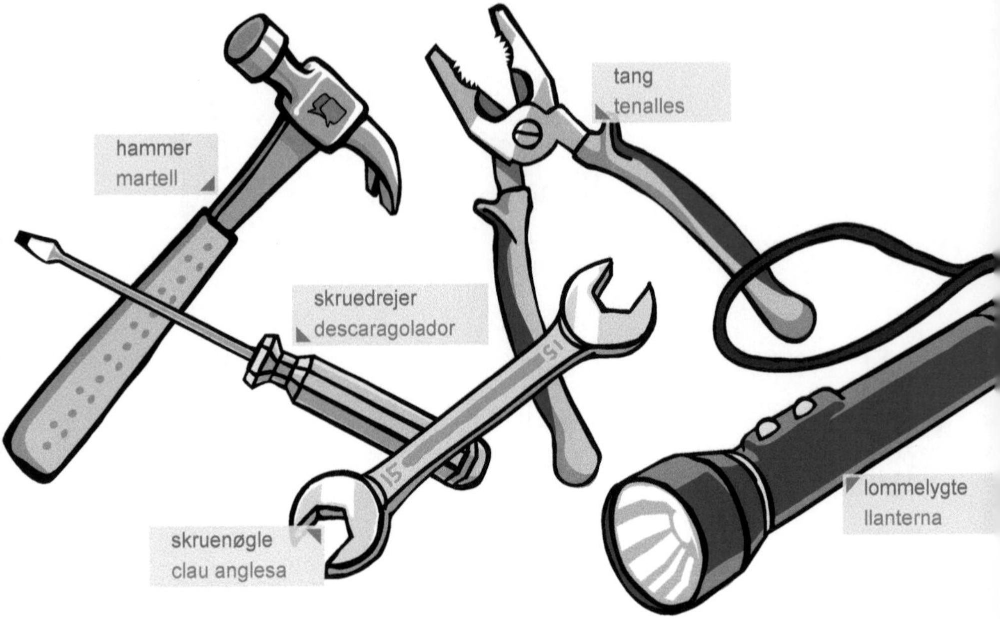
tang
tenalles
hammer
martell
skruedrejer
descaragolador
lommelygte
llanterna
skruenøgle
clau anglesa

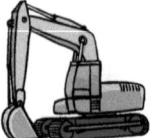

gravemaskine

excavadora

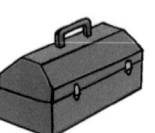

værktøjskasse

caixa d'eines

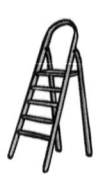

stige

escala

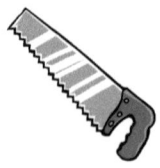

sav

serra

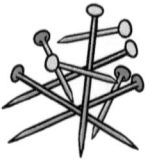

søm

claus

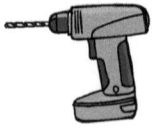

bor

trepant

reparere

reparar

skovl

pala

Lort!

Maleït siga!

fejebakke

pala

malerspand

pot de pintura

skruer

caragols

musikinstrumenter
instrument de música

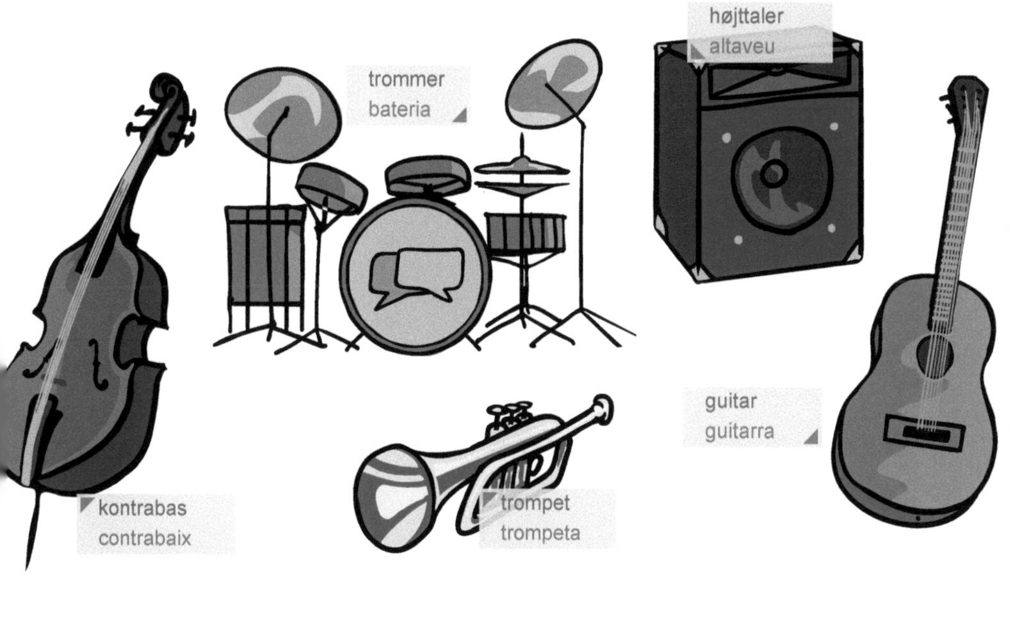

højttaler
altaveu

trommer
bateria

guitar
guitarra

kontrabas
contrabaix

trompet
trompeta

klaver

piano

violin

violí

bas

baix

pauke

timbal

tromme

tambor

keyboard

teclat

saxofon

saxofon

fløjte

flauta

mikrofon

micròfon

ZOO

ZOO

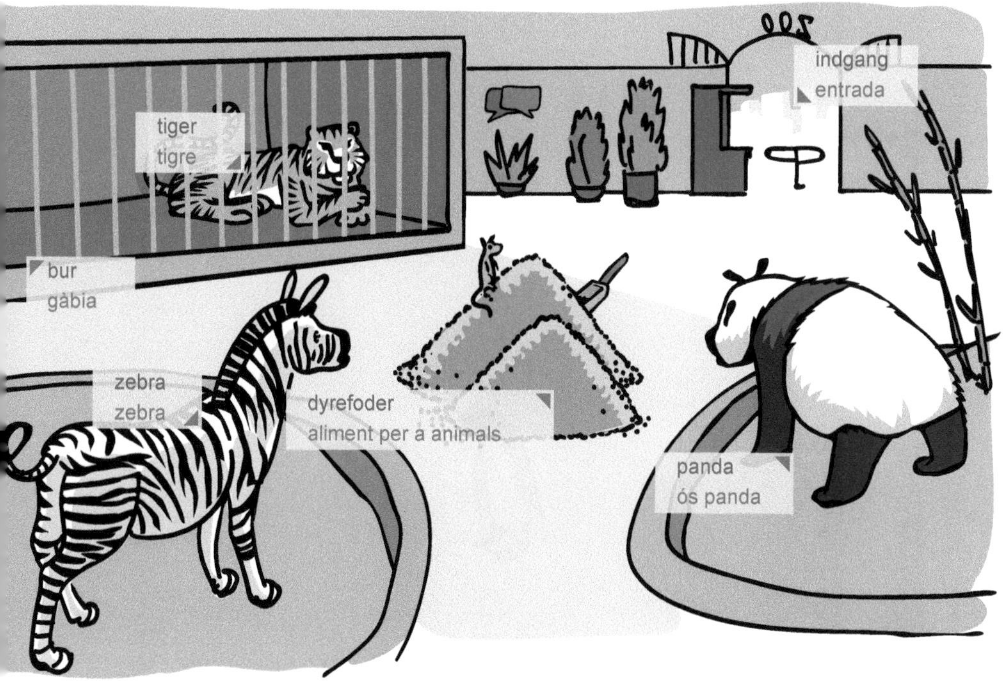

indgang
entrada
tiger
tigre
bur
gàbia
zebra
zebra
dyrefoder
aliment per a animals
panda
ós panda

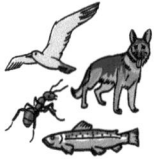

dyr

animals

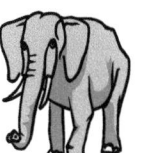

elefant

elefant

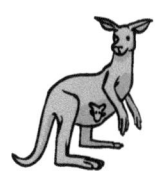

kænguru

cangurú

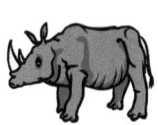

næsehorn

rinoceront

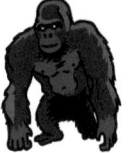

gorilla

goril·la

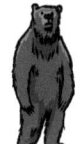

bjørn

ós

kamel

camell

struds

estruç

løve

lleó

abe

simi

flamingo

flamenc

papegøje

papagai

isbjørn

ós polar

pingvin

pingüí

haj

ca mari

påfugl

paó

slange

serp

krokodille

cocodril

dyrepasser

guardià del zoo

sæl

foca

jaguar

jaguar

pony
poni

leopard
lleopard

flodhest
hipopòtam

giraf
girafa

ørn
àliga

vildsvin
senglar

fisk
peix

skildpadde
tortuga

hvalros
morsa

ræv
guineu

gazelle
gasela

amerikansk football
futbol americà

cykling
ciclisme

tennis
tenis

basketball
bàsquet

svømning
natació

ishockey
hoquei sobre gel

boksning
boxa

fodbold
futbol americà

badminton
bàdminton

atletik
atletisme

håndbold
handbol

skiløb
esquí

polo
polo

aktiviteter
activitats

grine
riure
springe
saltar
give et knus
abraçar
gå
anar
synge
cantar
drømme
somiar
bede
pregar
kysse
fer un petó

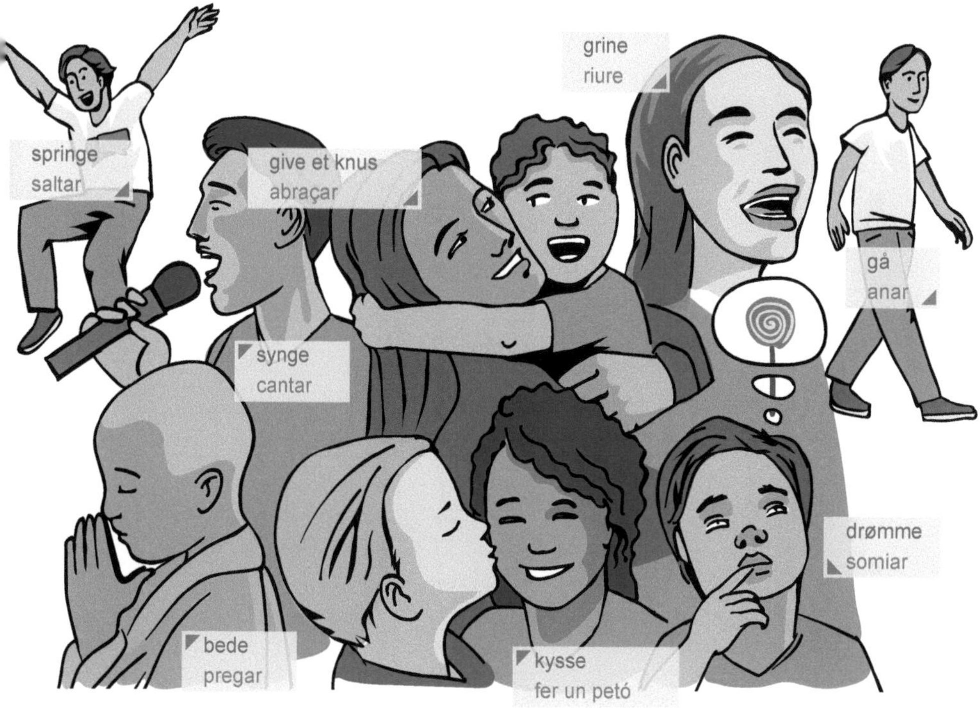

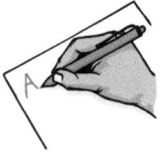

skrive
escriure

tegne
dibuixar

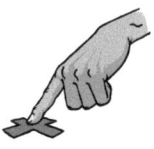

vise
mostrar

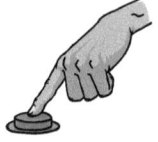

skubbe
pitjar

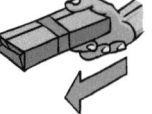

give
donar

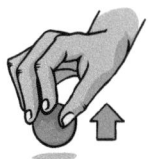

tage
prendre

have
tenir

gøre
fer

være
ésser

stå
estar dret

løbe
córrer

trække
estirar

kaste
llançar

falde
caure

ligge
jeure

vente
esperar

bære
portar

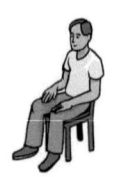

sidde
asseure's

tage på
vestir-se

sove
dormir

vågne
despertar-se

se på
mirar

græde
plorar

ae
amoixar

kæmme
pentinar

tale
parlar

forstå
comprendre

spørge
demanar

høre
escoltar

drikke
beure

spise
menjar

rydde op
endreçar

elske
estimar

koge
cuinar

køre
conduir

flyve
volar

sejle

navegar

regne

calcular

læse

llegir

lære

aprendre

arbejde

treballar

gifte sig med

casar-se

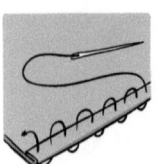

sy

cosir

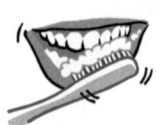

børste tænder

raspallar-se les dents

dræbe

matar

ryge

fumar

sende

enviar

bedstemor
àvia

bedstefar
avi

far
pare

mor
mare

baby
nadó

datter
filla

søn
fill

gæst
convidat

tante
tia

onkel
oncle

bror
germà

søster
germana

krop

cos

pande
front
øje
ull
skulder
espatlla
finger
dit
ansigt
cara
hage
barbeta
hånd
mà
ben
cama
bryst
pit
arm
braç

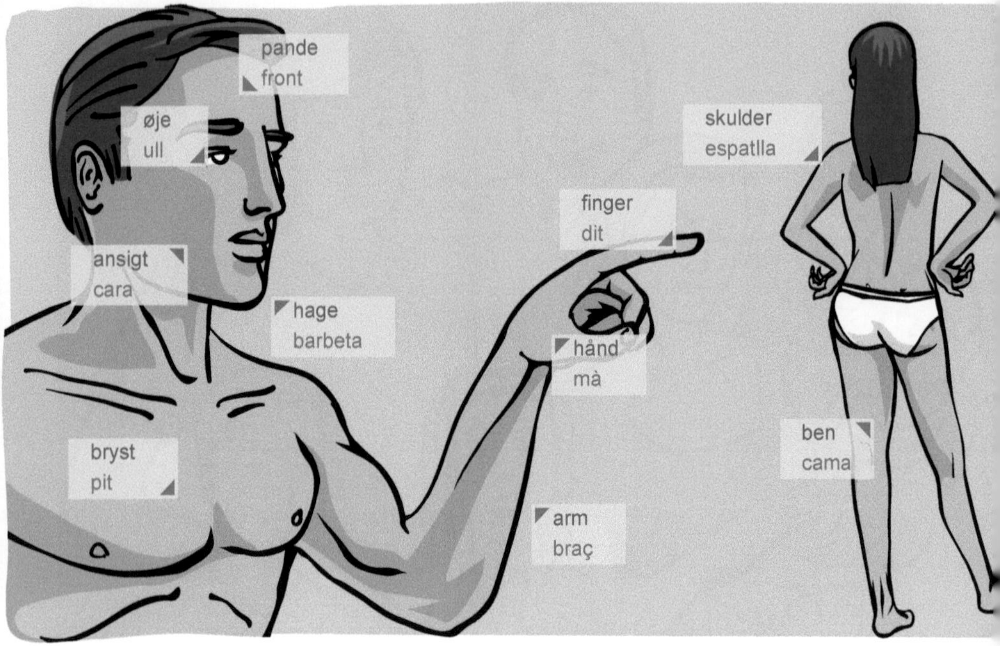

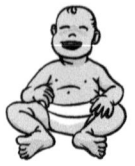

baby
nadó

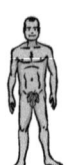

mand
home

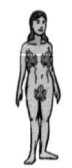

kvinde
dona

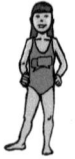

pige
noia

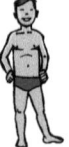

dreng
noi

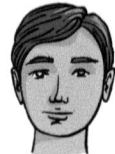

hoved
cap

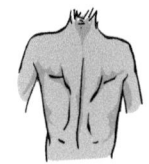

ryg
esquena

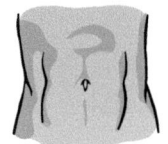

mave
panxa

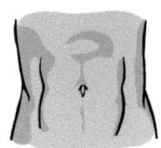

navle
melic

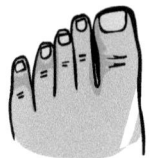

tå
dit gros del peu

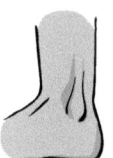

hæl
taló

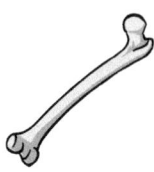

knogle
os

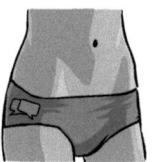

hofte
maluc

knæ
genoll

albue
colze

næse
nas

bagdel
cul

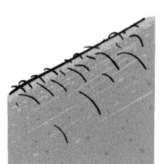

hud
pell

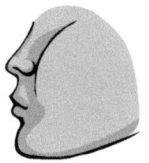

kind
galta

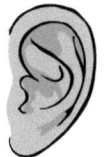

øre
orella

læbe
llavi

krop - cos

mund

boca

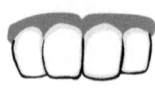

tand

dent

tunge

llengua

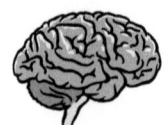

hjerne

cervell

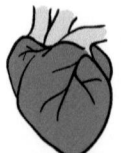

hjerte

cor

muskel

múscul

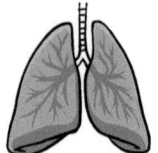

lunge

pulmó

lever

fetge

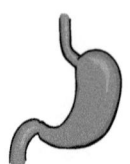

mavesæk

estómac

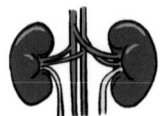

nyrer

ronyó

sex

relació sexual

kondom

preservatiu

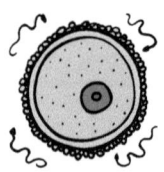

ægcelle

ovari

sperm

semen

svangerskab

prenyat

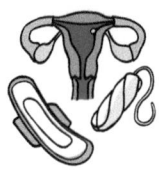

menstruation
menstruació

vagina
vagina

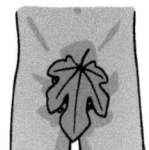

penis
penis

øjenbryn
cella

hår
cabells

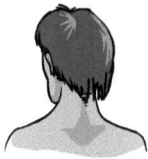

hals
coll

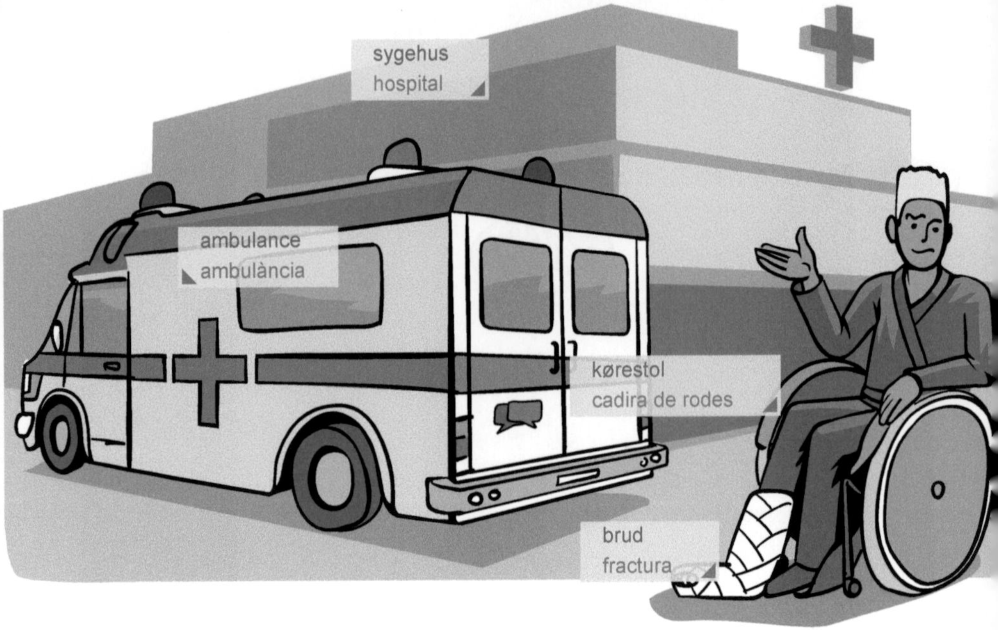

sygehus
hospital

ambulance
ambulància

kørestol
cadira de rodes

brud
fractura

læge

doctora

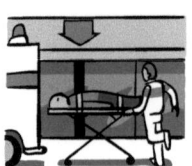

akutmodtagelse

sala d'urgències

sygeplejerske

infermera

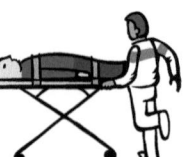

nødstilfælde

urgència

bevidstløs

inconscient

smerte

dolor

skade
ferida

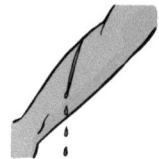

blødning
sagnament

hjerteinfarkt
atac de cor

slagtilfælde
apoplexia

allergi
al·lèrgia

hoste
tos

feber
febre

influenza
gripa

diarré
diarrea

hovedpine
mal de cap

kræft
càncer

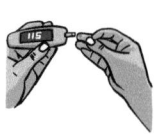

diabetes
diabetis

kirurg
cirurgià

skalpel
escalpel

operation
operació

CT

tomografia computada (TC),
TAC

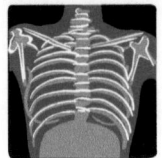

røntgen

raigs x

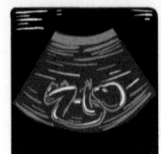

ultralyd

ultrasò

maske

mascareta

sygdom

malaltia

venteværelse

sala d'espera

krykke

crossa

plaster

tireta

forbinding

embenat

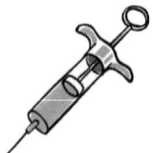

injektion

injecció

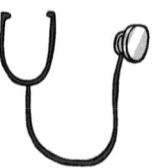

stetoskop

estetoscopi

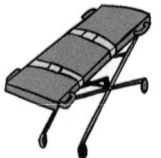

båre

llitera

termometer

termòmetre clínic

fødsel

pariment

overvægt

sobrepès

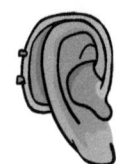

høreapparat

aparell auditiu

desinficerende middel

desinfectant

infektion

infecció

virus

virus

HIV / AIDS

VIH / SIDA

medicin

medicina

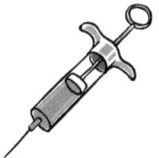

vaccination

vaccí

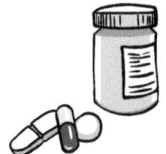

tabletter

comprimits

pille

píl·lola

nødopkald

trucada d'urgència

blodtryksmåler

tensiòmetre

syg / rask

malalt / sà

Hjælp!

Socors!

alarm

alarma

overfald

assalt

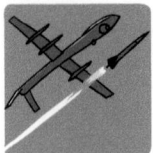

angreb

atac

fare

perill

nødudgang

sortida-eixida d'urgència

Det brænder!

Foc!

ildslukker

extintor

uheld

accident

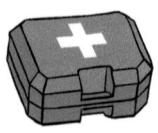

førstehjælps-kuffert

farmaciola de primers auxilis

SOS

SOS

politi

policia

Europa

Europa

Nordamerika

Amèrica del Nord

Sydamerika

Amèrica del Sud

Afrika

Àfrica

Asien

Àsia

Australien

Austràlia

Atlanterhavet

Atlàntic

Stillehavet

Pacífic

Indiske Ocean

Oceà Índic

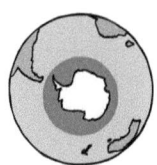

Sydlige Ishav

Oceà Antàrtic

Ishav

Oceà Àrtic

Nordpol

pol nord

Sydpol

pol sud

Antarktis

Antàrtida

Jorden

terra

land

país

hav

mar

ø

illa

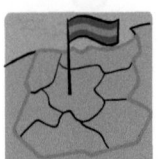

nation

nació

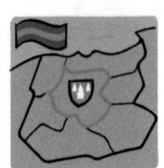

stat

estat

urskive

quadrant

timeviser

agulla de les hores

minutviser

agulla dels minuts

sekundviser

agulla dels segons

Hvad er klokken?

Quina hora és?

dag

dia

tid

temps

nu

ara

digitalur

rellotge digital

minut

minut

time

hora

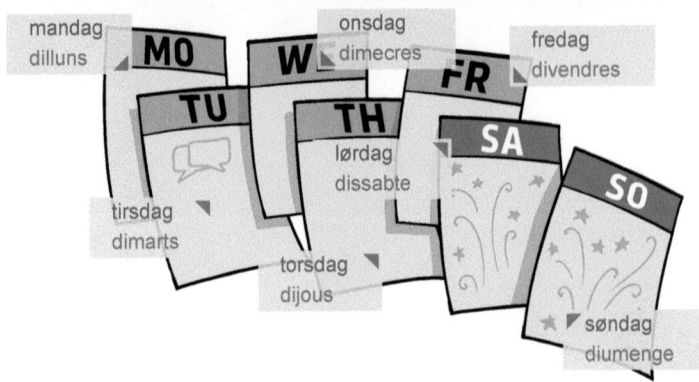

mandag
dilluns

onsdag
dimecres

fredag
divendres

tirsdag
dimarts

lørdag
dissabte

torsdag
dijous

søndag
diumenge

i går
....
ahir

i dag
....
avui

i morgen
....
demà

morgen
....
matí

middag
....
migdia

aften
....
tarda

arbejdsdage
....
dia feiner

weekend
....
cap de setmana

år

any

regn
pluja
regnbue
arc de Sant Martí
vind
vent
sne
neu
forår
primavera
sommer
estiu
efterår
tardor
vinter
hivern

4.APRIL 11°
5.APRIL 4°
6.APRIL 13°
7.APRIL 8°
8.APRIL 10°

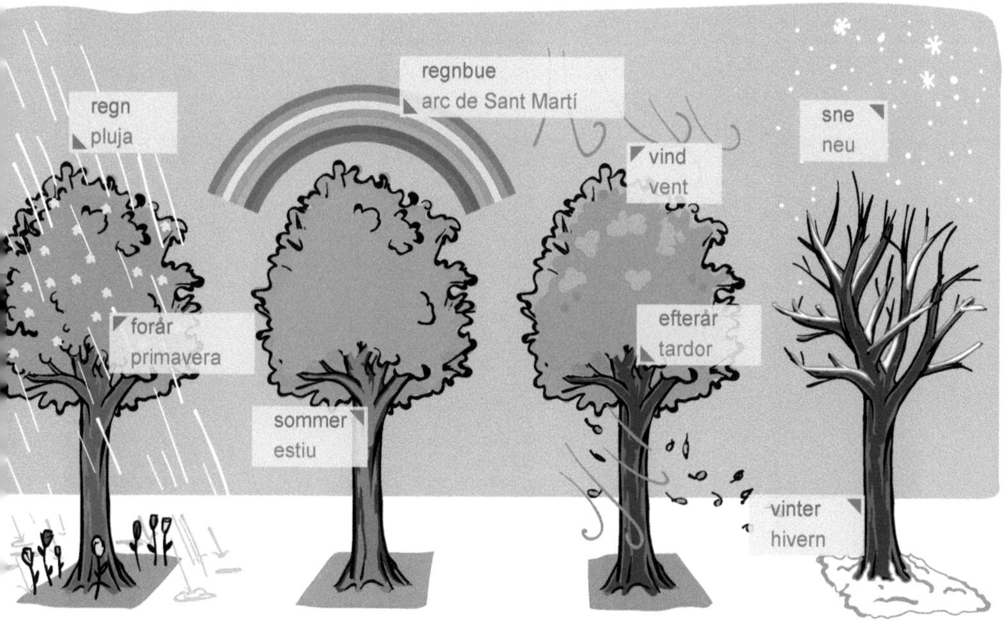

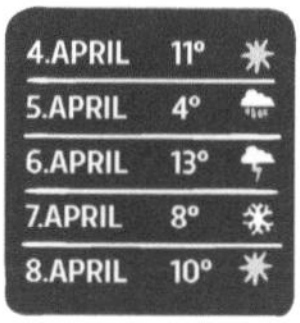

vejrudsigt

pronòstic del temps

F C
120 90 60 30 0 -30
40 30 20 10 0 -10 -20

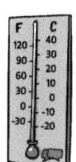

termometer

termòmetre

solskin

llum del sol

sky

núvol

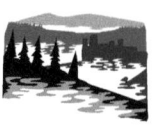

tåge

boira

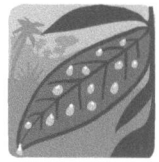

luftfugtighed

humiditat de l'aire

lyn

llamp

torden

tro

storm

tempesta

hagl

calamarsa

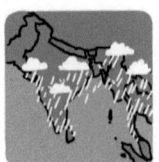

monsun

monsó

flod

inundació

is

gel

januar

gener

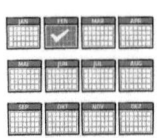

februar

febrer

marts

març

april

abril

maj

maig

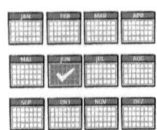

juni

juny

juli

juliol

august

agost

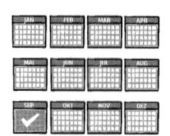

september
setembre

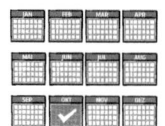

oktober
octubre

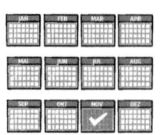

november
novembre

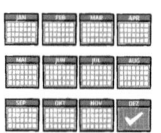

december
desembre

former

formes

cirkel
cercle

kvadrat
quadrat

firkant
rectangle

trekant
triangle

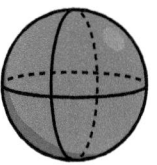

kugle
esfera

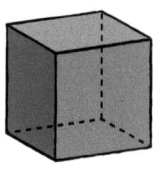

terning
cub

hvid

blanc

gul

groc

orange

taronja

pink

rosa

rød

vermell

lilla

lila

blå

blau

grøn

verd

brun

marró

grå

gris

sort

negre

meget / lidt
molt / poc

rasende / fredelig
emprenyat / tranquil

smuk / grim
bonic / lleig

begyndelse / slut
començament / fi

stor / lille
gran / petit

lys / mørk
clar / fosc

bror / søster
germà / germana

ren / snavset
net / brut

fuldkommen / ufuldkommen
complet / incomplet

dag / nat
dia / nit

død / levende
mort / viu

bred / smal
ample / estret

spiselig / uspiselig

comestible / immenjable

vred / venlig

dolent / amable

ophidset / kedet

entusiasmat / entediat

tyk / tynd

gros / prim

først / sidst

primer / darrer

ven / fjende

amic / enemic

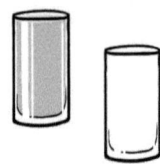

fuld / tom

ple / buit

hård / blød

dur / tou

tung / let

pesant / lleuger

sult / tørst

gana / set

syg / rask

malalt / sà

illegal / legal

il·legal / legal

intelligent / dum

intel·ligent / ximple

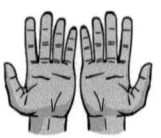

venstre / højre

esquerra / dreta

nær / fjern

prop / llunyà

ny / brugt
nou / usat

intet / noget
res / quelcom

gammel / ung
vell / jove

tændt / slukket
encès / apagat

åben / lukket
obert / tancat

stille / højt
silenciós / sorollós

rig / fattig
ric / pobre

rigtig / forkert
correcte / incorrecte

ru / glat
aspre / suau

ked af det / lykkelig
trist / content

kort / lang
curt / llarg

langsom / hurtig
lent / ràpid

våd / tør
humit / sec - eixut

varm / kold
calent / fred

krig / fred
guerra / pau

0

nul

zero

1

en

u

2

to

dos

3

tre

tres

4

fire

quatre

5

fem

cinc

6

seks

sis

7

syv

set

8

otte

vuit

9

ni

nou

10

ti

deu

11

elleve

onze

12
tolv
dotze

13
tretten
tretze

14
fjorten
catorze

15
femten
quinze

16
seksten
setze

17
sytten
disset

18
atten
divuit

19
nitten
dinou

20
tyve
vint

100
hundrede
cent

1.000
tusinde
mil

1.000.000
million
milió

engelsk

anglès

amerikansk engelsk

anglès americà

kinesisk mandarin

xinès mandarí

hindi

hindi

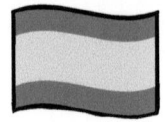

spansk

espanyol

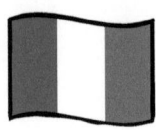

fransk

francès

arabisk

àrab

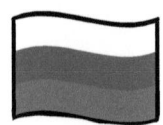

russisk

rus

portugisisk

portuguès

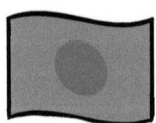

bengalsk

bengalí

tysk

alemany

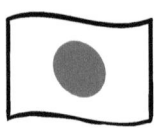

japansk

japonès

jeg

jo

du

tu

han / hun / den / det

ell / ella / allò

vi

nosaltres

I

vosaltres

de

ells

hvem?

qui?

hvad?

què?

hvordan?

com?

hvor?

on?

hvornår?

quan?

navn

nom

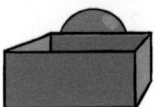

bag
darrere

i
en

foran
davant de

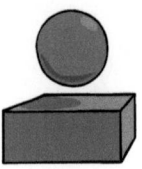

over
damunt

på
sobre

under
sota

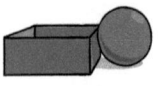

ved siden af
al costat

imellem
entre

sted
lloc